AF375731

PAR DS A TOURNAY EN 3H
HISTOIRE DU BALLON
LOUIS BLANC
PAR
AÉRONAUTE
F. FARCOT
8 1870
PARIS
L. LECHOVALIER
R. Richelieu
POSTES

VOYAGE DU BALLON

LE LOUIS-BLANC

IMPRIMERIE EUGÈNE HEUTTE ET Cᵉ, A SAINT-GERMAIN

VOYAGE

DU BALLON

LE LOUIS-BLANC

PAR E. FARCOT

SON AÉRONAUTE

PARIS

LE CHEVALIER, LIBRAIRE-ÉDITEUR

61, RUE RICHELIEU, 61

1874

PRÉFACE

Le temps fuit et les impressions même les plus fortes s'oublient. Je fixe ce petit souvenir avant qu'il échappe à ma mémoire.

Je le dédie à mes amis, à mes collègues en aéronautique, et un peu aussi aux personnes qui seront chargées d'effacer les traces de nos malheurs. Je pense également intéresser les gens de qui j'ai porté les lettres, ils verront que cela ne se faisait pas alors sans quelques risques.

Je prie le lecteur que cette petite histoire pourrait intéresser, de bien vouloir tenir compte de mon peu de savoir comme écrivain en faveur de ma bonne volonté comme narrateur.

Eugène FARCOT.

TABLE

VOYAGE DU BALLON

LE LOUIS-BLANC

I.

INTRODUCTION.

« Je ne fais pas la guerre au noble Peuple français, mais seulement à l'empereur Napoléon III et à son armée... »

Après ces paroles solennelles, proclamées à la face de l'Europe et adressées à la France au début de la guerre, il était permis de supposer que la République amènerait infailliblement la Délivrance ou la Paix.

Cependant il n'y avait pas à s'y tromper; les masses noires, au lieu de s'arrêter, avançaient à grands pas vers Paris, et bientôt nous étions bloqués. C'était donc la guerre à outrance que l'on nous faisait. C'était notre humiliation, notre ruine, notre démembrement, peut-être? car nous doutions encore...

Paris, jusqu'au dernier jour, ne pouvait y croire; il se réveilla frémissant en demandant des armes; malheureusement, il n'y en avait guère. Malgré cela, partout on s'enrôlait, et bientôt aucun citoyen ne restait inactif dans cette lutte désespérée à laquelle nous réduisait un ennemi victorieux et intraitable.

Il s'agissait, pour Paris, de sauver la France, ou tout au moins l'honneur de la France qui ne pouvait dans son orgueil s'avouer défaite avant d'avoir épuisé toutes ses ressources, voulant par ce noble exemple vaincre au moins l'indifférence de ceux qui devaient être ses amis.

Cette intervention, ce secours, on les attendait, on les espérait et, en résistant, on pensait les mériter et leur donner ainsi le temps de se produire. Ils ne vinrent pas.

Ayant perdu mon pouce gauche dans la construction de moteurs propres à naviguer dans l'air, je ne pouvais convenablement manœuvrer un fusil de munition. Il fallait pourtant et à tout prix que je fisse quelque chose d'utile pour la défense nationale

J'appris donc avec bonheur que Nadar organisait
à Montmartre, place Saint-Pierre, une compagnie
d'aérostiers, pour faire aux avant-postes des reconnaissances militaires sur l'ennemi. Ceci était tout à
fait mon affaire. « Là, me dis-je, je serai dans mon
élément : un élève de Dupuis-Delcourt, un mem-
bre de la Société aérostatique se trouvera là tout naturellement à sa place; » et j'y courus, pensant bien,
même à danger égal, que j'y rendrais plus de services que dans les rangs de la garde nationale.

On sait que Nadar était promoteur de la navigation
aérienne par les appareils *plus lourds que l'air*. Il
avait compté dans son bataillon militant : Babinet,
le Dr Marey, de Ponton-Damecourt, G. Lalandelle
et foule d'autres chercheurs, savants et ingénieurs
qui firent école dès 1863; moi, alors, j'étais l'incu-
rable *plus léger* (c'était le mot consacré). Ce n'était
pas que j'aimasse le gaz pour lui-même ! cela pue
et tient beaucoup trop de place; mais je croyais, et je
crois encore que, dans la mesure du possible, l'on ne
peut s'en passer quant à présent, ne voulant pas
commettre d'injure en doutant de l'avenir.

Malgré ce dissentiment, nos discussions, du reste
fort courtoises, nous avaient rapprochés, étant unis
pour le but à atteindre. Je fus donc accueilli en
ancienne et amicale connaissance, et dès le lendemain j'étais enrôlé, équipé et en fonctions. Les
deux aéronautes sous la direction de Nadar, Camille
Dartois, ancien capitaine du célèbre ballon le *Géant*,

Duruof, déjà connu par plusieurs ascensions, et mes nouveaux collègues, me mirent en peu de temps au courant des manœuvres d'ensemble, propres aux ascensions captives et aux observations militaires.

Notre petite équipe se composait alors ainsi qu'il suit :

NADAR, fondateur-directeur;
CAMILLE DARTOIS, aéronaute;
JULES DURUOF, aéronaute.

Et par ordre de départ :

DURUOF,	capitaine du	*Neptune,*	parti	1er
REVILLOD,	—	du *George-Sand,*	—	2^e
FARCOT,	—	du *Louis-Blanc,*	—	3^e
NADAL,	—	du *Victor-Hugo,*	—	4^e
GILLES,	—	du *Colonel-Charras,*	—	5^e
LACAZE,	—	(mort en mer)	—	6^e

LEGRAND, qui à son grand regret ne partit pas, resta pour faire l'éducation des autres parmi lesquels le savant M. Élisée Reclus.

C'est avec ce petit noyau que nous commençâmes les premières ascensions captives, présidées par le colonel du génie Usquin, professeur de fortifications à l'École polytechnique, et assistées d'un charmant officier de marine, M. de Montebello, qui, ayant repris tout spécialement du service pour la durée du siége, montait souvent avec Nadar et armé de son télescope pour faire des observations à notre bord. Nadar faisait ordinairement de trois à quatre ascensions de jour et une ou deux de nuit pour constater par les feux les mouvements ennemis, et chaque fois il expédiait au général Trochu son rapport aux trois crayons sur des cartes topographiques de la région nord-est de Paris qu'il avait fait lithographier tout exprès.

Les amateurs ne manquaient pas non plus, et je vis MM. Louis et Charles Blanc, Clémenceau, alors maire de Montmartre, et son adjoint Lafont, le commandant Trèves, Paul, le jeune fils de Nadar, Sardou et beaucoup d'autres, monter successivement à l'observatoire aérien, qui était servi par un détachement de ligne du 25ᵉ de marche, et des marins de la *Jeanne-d'Arc*, qui nous secondaient avec intelligence dans nos manœuvres.

Tels furent les débuts de cette première compagnie d'Aérostiers Militaires spontanément créée et qui devait bientôt changer de mission.

II.

DÉPART DU PREMIER BALLON-POSTE.

Ce fut à ce moment que prit naissance l'idée de fonder d'une façon régulière la poste aérienne, dont plusieurs, je le pense, revendiqueront l'ingénieuse idée; toutefois l'honneur en revient à M. Rampont, directeur général des postes, et à M. Chassinat qui la mit en pratique (1).

(1) Je reçois de Nadar, à qui j'ai communiqué ces épreuves, la note suivante :

« Mon ami Farcot me permettra de relever ici cette assertion qui est le résultat d'une erreur complète.

« L'idée première de la poste aérostatique appartient à MM. Steenakers, Mercadier et Léveillé, de la direction des télégraphes. Bien que le directeur des postes d'alors, M. Rampont, soit venu avant ces messieurs me demander mon concours, M. Rampont sait *mieux que personne* que ce projet *n'est pas sien*.

« Au surplus, le traité pour le premier aérostat-poste que j'envoyai le 23 septembre par-dessus les lignes prussiennes, sous la conduite du brave Duruof, fut conclu et signé par

Chez nous, un 'grand ballon se trouvait toujours prêt pour le départ : c'était notre observatoire, nommé le *Neptune*, appartenant à son constructeur Duruof, jeune homme plein de zèle, qui généreusement s'offrit pour partir le premier, abandonnant ainsi ses premiers intérêts, puisque Nadar avait tenu à lui céder ainsi qu'à Dartois tous les profits possibles et surtout ceux de la construction des aérostats, dont les bénéfices durent être assez inté-ressants, puisque environ quatre - vingts ballons de 2,000 mètres chacun furent construits pendant le siége.

Ce départ du premier porteur de dépêches étant fixé au 23 septembre, la veille personne ne manqua à l'appel sous la tente où nous étions tenus de coucher pour nous habituer à la vie qui nous était, pensions-nous, réservée au milieu de l'armée.

Je fus de garde cette nuit-là. Je me rappellerai toujours ce malheureux ballon, fatigué par quinze jours de gonflement et d'ascensions captives, tour-

la direction des télégraphes et moi. A chacun le sien. A M. Rampont l'honneur d'avoir dirigé dans les bureaux ce service si pénible avec la haute intelligence qu'on lui con-naît, avec ce tact et cette parfaite appréciation des hommes et des choses qui le distinguent, et, mieux que cela encore à mes yeux, le désintéressement, si rare à toutes les épo-ques, d'avoir prélevé sur son propre traitement, déjà modi-que, des sommes considérables pour récompenser les braves facteurs qui traversaient les lignes prussiennes où plusieurs laissèrent la vie. »

noyant au vent et perdant son gaz ; la nacelle pleine de sacs de lest et comblée de pavés, gémissait, prête à chavirer à tout instant. Une partie de la nuit se passa pour moi à la retenir et à faire remplir de gaz cet insatiable aérostat, pour parer aux fluctuations de l'étoffe qui, donnant prise au vent, me faisaient redouter une déchirure.

Il ressemblait à un coursier surmené, pouvant encore fournir une traite, mais fatalement condamné à périr au bout. Je l'aimais pourtant ce premier ballon, et il fut un de ceux que je reconstruisis plus tard à Lyon.

Le jour parut enfin, précédé et annoncé par la canonnade déjà habituelle que dominait l'accent de quelques grosses pièces de la Briche et du mont Valérien. On prépara le départ au milieu des invités et des curieux qui abondaient. Les voitures de la poste arrivèrent aussi, et en voyant cette grande administration réduite à se servir de ballons, je me rappelais ces superbes navires de haut bord, forcés par les temps contraires à se faire mener en rade par un criquet de remorqueur.

On arrima les sacs de dépêches à la nacelle ; quelques colombophiles se présentèrent, je pris leurs adresses (1) ; mais l'idée de se servir de leurs précieux

---

(1) C'étaient M. Bourdon, dont les pigeons avaient remporté des primes à cent cinquante lieues, et M. Briche.

messagers ne faisait que d'éclore et, pour cette première fois, l'on n'emmena pas de pigeons voyageurs.

Duruof partit en brave, donnant rendez-vous au Havre à ceux qui devaient le suivre; il détacha ses banderoles, vida un sac de lest et, en vieux routier de l'air, se dirigea sur Versailles à une très-grande hauteur.

L'assurance, vu la vitesse du vent, que le ballon, quoique défectueux, fournirait bien sa course, fut pour moi comme un soulagement : j'aurais été désolé de voir manquer ce premier départ auquel assistaient nombre d'écrivains de la presse et des notabilités de tous genres.

La Poste Aérienne était désormais fondée, et nous avions l'honneur en même temps que la joie d'en avoir fait partir le premier courrier.

III.

SECOND DÉPART. — M. GAMBETTA.

Pendant les jours qui suivirent, et sur la demande adressée par M. Rampont à Nadar, qui y accéda mais en abandonnant d'avance, comme je l'ai dit, tous bénéfices ou rémunérations personnels, on s'occupa de construire en toute hâte trois ballons qui devaient continuer la poste aérienne; deux étaient en étoffe jaune et cubaient douze cents mètres; le troisième, tout blanc et de même capacité, devait être le mien.

De ces deux premiers ballons, l'un fut appelé l'*Armand-Barbès,* l'autre le *George-Sand.* Nadar était le parrain qui les baptisait du nom de tous ses amis. Ils furent gonflés, comme le premier, sur la place Saint-Pierre, et bientôt prêts à partir. Il nous fut annoncé que M. Gambetta devait prendre passage dans l'un d'eux. L'autre était frété par des

Américains pour une mission particulière autorisée
par le gouvernement.

Ce départ, qui devait avoir lieu le vendredi, fut,
de l'avis de M. Hervé-Mangon, savant météorolo-
giste, reculé d'un jour, pour cause de brouillard et de
vent nul, malgré l'opinion énergiquement contraire
de Nadar. Pour la sécurité du célèbre voyageur, on
crut aussi devoir prendre en dehors de notre équipe
M. Trichet, aéronaute un peu plus praticien que nous
ne l'étions; M. Revillod, l'un des nôtres, qui avait
fait comme passager, et de nuit, la descente du
Géant sur les pics des Cévennes, fut désigné pour
opérer le transport des Américains, et j'ai appris
plus tard qu'il s'était tiré d'affaire à l'entière satisfaction de ses voyageurs.

Les préparatifs de ce deuxième voyage aérien
(7 octobre) furent tout naturellement plus solennels
que le premier : d'abord par la présence d'un personnage sur lequel reposait, en partie, l'espoir de
la France; — d'autre part, le spectacle de deux
ballons partant ensemble donnait un attrait plus
grand à ce départ.

J'avais couru toute la matinée pour faire exé-
cuter des petits ballons rouges destinés à indiquer
la direction du vent. J'arrivai porteur de mes petits
explorateurs, au milieu de l'émotion générale. On
me demanda mon baromètre de hauteurs, l'aéronaute conducteur n'en ayant pas; je le cédai de
grand cœur et offris également mon petit compas

de marine : car je possédais mon petit matériel en
état, me tenant toujours préparé à toute aventure
en cas d'ordre pour un départ.

Il fut procédé au gréement, au pesage et à la
disposition des deux ballons devant partir de compagnie : de là, deux centres d'activité, d'où éma-
naient des ordres qui se croisaient en tous sens.
L'ardeur était grande, car nous tenions à bien faire
réussir cette ascension simultanée.

Au milieu de l'agitation produite par ces préparatifs divers, le plus calme, sans contredit, était
notre vaillant passager que de nombreux amis
étaient venus saluer au départ. Il recevait de cha-
leureux encouragements et semblait partager l'espoir attaché à sa présence en province : alors on ne
désespérait pas du salut, et l'on tenait en haute
estime les hommes assez courageux pour endosser
la responsabilité, lourde et ingrate, d'essayer au
moins de sauver le pays.

Au signal donné par Nadar, les deux aérostats
s'élevèrent d'une façon à la fois imposante et gracieuse; la foule, pleine d'espoir, les acclama avec
enthousiasme, et bientôt, à une faible hauteur, ils
passèrent au-dessus des buttes, près de l'endroit
où était situé le sémaphore de la marine.

Mais, vus de notre camp, ils disparurent alors si
subitement, qu'ils semblèrent tombés de l'autre
côté; il y eut un cri d'alarme général. — Allions-
nous passer pour des traîtres ? Partout on en

voyait!... — Le vernis tout frais faisait-il défaut?
— La soupape s'était-elle ouverte? — Une déchirure s'était-elle déclarée?

Ce fut autant de réflexions qui, pourtant, ne paralysèrent pas nos jambes. Suivis de la foule, que rien n'eût pu retenir, nous fîmes en un clin d'œil l'ascension du monticule, et là, nous eûmes la satisfaction de voir que nous avions été le jouet d'un effet de perspective aérienne assurément tout nouveau. Les deux esquifs aériens naviguaient de conserve et déjà loin, mais pas assez haut, à notre avis, car ils devaient être à peu de distance au-dessus des lignes prussiennes. L'avenir justifia nos appréhensions.

IV.

LE LOUIS-BLANC.

Cette deuxième sortie bien effectuée, notre place Saint-Pierre reprit son premier rôle d'observatoire aérien, au milieu duquel continua de fonctionner le petit ballonneau-sémaphore.

Pendant ce temps, l'aérostat le *Louis-Blanc* se terminait; j'en surveillai le vernissage et fixai moi-même l'appendice et la soupape, loin de me douter encore que j'en serais l'aéronaute. Le 11 octobre au soir, je prenais une part active à son gonflement, tournant autour, inspectant soigneusement l'accrochement aux mailles du filet des sacs de lest, etc. On se plaisait, semblait-il, à me laisser entièrement maître de faire éclore par le gaz cet énorme champignon.

J'étais dans le coup de feu de ce travail, quand Nadar m'appela pour me demander « si j'étais toujours prêt à partir?

Départ de Montmartre le Octobre, 9 h. du matin (p. 20).

— Toujours ! répondis-je.

— Eh bien, allez mettre vos bottes, c'est vous qui partirez demain matin. »

J'avoue que je fus un instant étourdi par cette brusque nouvelle : j'étais heureux de partir, je l'avais demandé et me l'étais fait promettre; mon amour-propre d'aéronaute militant y était engagé, mais il me restait si peu de temps pour me préparer, que je tournai une minute en moi-même comme un pigeon voyageur avant de prendre son vol direct.

Je pensai immédiatement à tout ce qu'il me restait à faire pour me procurer, en si peu de temps, les accessoires que j'avais résolu d'emporter, ayant eu à donner au précédent départ tout mon petit outillage personnel. — Il me fallait des bande-roles; Dartois m'en promit; je désirais aussi des petits parachutes pour expédier de légers paquets ou des lettres; il me fallait le baromètre que j'avais commandé à Redier pour remplacer celui que j'avais cédé à M. Gambetta, des ballonneaux à l'hydrogène pour connaître le vent d'en haut pendant le voyage, puis d'autres simplement gonflés d'air atmosphéri-que pour les laisser tomber et apprécier les courants d'en bas; notre drapeau auquel je tenais; enfin les effets de voyage, le moins possible bien entendu, la malle d'un aéronaute ne devant pas être lourde.

Je m'occupai de tout cela, et, pendant ce temps,

mes compagnons faisaient coudre à ma casquette les trois galons éphémères que je devais porter depuis les préparatifs de départ jusqu'aux derniers travaux de l'arrivée : enfin pendant le temps de ma responsabilité.

On prépara aussi des paquets de proclamations (1), moitié françaises et moitié allemandes, que je devais distribuer en route sur la tête de nos ennemis et qui devaient les émouvoir s'ils avaient pu être émus.

Mais le plus délicatement difficile, le plus douloureux et pénible restait à faire : il me fallait prévenir ma femme de cette détermination et déployer là un stoïcisme que je ne ressentais guère. — Comment je m'y pris? je ne le sais plus trop... Je pris mon air le plus résolu, je parlai du devoir patriotique; je dis que je devais partir bientôt..., enfin que je partais le lendemain et que, dans l'intérêt du voyage que j'allais entreprendre et dans lequel j'avais besoin de tout mon cœur, il ne fallait pas l'ébranler par des plaintes inutiles.

Je fus compris, et tout se prépara fiévreusement, en silence, mais sans larmes apparentes.

De bonne heure, le lendemain, j'arrivai place Saint-Pierre où un vent violent ballottait mon coursier aérien que l'équipe, marins et soldats, avaient beaucoup de peine à maintenir.

(1) Proclamations de Victor Hugo et de Louis Blanc au peuple allemand.

Mes amis arrivaient pour assister à mon départ,
était une vraie « conduite; » la foule ordinaire aug-
mentait, et Nadar, soucieux, me suivait en me ré-
pétant la recommandation de ne pas chercher à
sauver le ballon, mais de me jeter dans un bois et
tâcher de crever l'enveloppe à la descente; il pres-
sentait sans doute ce qui allait arriver par le vent
qui se levait, lui qui avait si durement éprouvé avec
son *Géant* la colère de cet autre géant invisible qui
défend encore aux hommes la domination de l'air.
La veille, on m'avait annoncé un voyageur :
j'avais entendu prononcer le nom de M. Ranc, puis
vaguement celui de M. de Kératry. Enfin le matin
je devais partir seul; j'aimais autant cela : c'était
une responsabilité de moins. Ce ne fut qu'au dernier moment que je sus pourtant que je devais avoir
un passager.
Je cherchais dans la foule qui cela pouvait être ?
Je craignais que ce ne fût un de ces grands francs-
tireurs qui, tout armés, assistaient à mon départ;
je demandai même à l'un d'eux s'il devait partir
avec moi. C'est que, dans certains cas, l'aéronaute
a besoin de rester le maître dans sa nacelle, et pour
cela il doit être toujours le plus fort ou le mieux
armé. — On peut se trouver jeté en pleine mer ou
avoir mille autres péripéties : il faut donc le com-
mandement d'une part et l'obéissance de l'autre,
pour parer aux dangers que l'on ne conjure pas toujours. L'océan est et restera toujours le pays des

drames, même pour les marins de l'atmosphère, e
je n'aurais pas parlé de cette triste extrémité san
la perte en mer de trois des nôtres, et eu égard auss
à ceux qui l'ont échappé belle.

Heureusement mon voyageur n'était pas si re
doutable : c'était un doux colombophile, partan
de Paris avec ses pigeons voyageurs et prévenu à l
dernière heure. Malgré le mauvais temps, il n
craignait pas plus que moi de risquer le voyag
dont, il faut le dire, il ignorait complétement l
danger. — « Avec le vent que vous aviez, m'a-t-o
dit plus tard, un aéronaute de profession, dans de
circonstances ordinaires, ne serait pas parti. » Mai
eût-il venté dix fois plus, que cela ne m'eût pa
ébranlé : j'étais résolu, c'était décidé, et j'avai
confiance en mes petites études sur la navigation d
l'air.

Cependant, de tous côtés on apportait des lettre
en demandant l'aéronaute partant, et je me mul-
tipliais pour répondre à toutes les demandes. C'étai
un soldat, un marin, un mobile qui, voyant le départ, avait précipitamment écrit et me présentait sa
lettre. J'étais obligé de me dérober aux recommandations qui devenaient interminables; il semblait à
chacun que je dusse descendre dans sa famille, où
l'on me promettait des bénédictions à l'arrivée.

Les voitures de la poste et du télégraphe arrivèrent: le moment du départ approchait. On me fi
alors les dernières recommandations, plus impor-

antes et bien autrement sérieuses : on me fit dis-
inguer, parmi les autres, un grand sac de dépêches,
t l'on me dit : « Si vous êtes menacé par l'ennemi
t que vous n'ayez plus de lest, ne jetez ce sac que
e dernier ; mais, avant, ouvrez-le et sortez-en ce sac
lus petit ; celui-là il faut le garder à tout prix ;
auvez-vous dans les bois, où vous pourrez, mais
nfin préservez-le ! »

D'autre part : « Voici, pour les placer dans votre
ortefeuille, ces dépêches du gouvernement ; vous
es remettrez au premier bureau télégraphique fran-
ais que vous trouverez ; absolument il ne faut pas
u'elles tombent entre les mains de l'ennemi ; si ce
nalheur vous arrivait, faites plutôt disparaître le
aquet *à tout prix !* »

A bon entendeur, salut ! Je promis que, si je me
entais perdu, je les ferais entièrement disparaître,
yant assez bon estomac. Puis je reçus un passe-port
e l'administration des postes, signé Rampont, visé
u gouverneur de Paris et contresigné du général
chmidt, etc.

Pendant ce temps, Yon et Dartois arrimaient au
ercle mes bagages, ainsi que le guide-rope ; puis à
a nacelle l'ancre, sa corde, les sacs de dépêches et la
age des pigeons ; tout cela bien bâché et solidement
marré.

J'embarquai mon petit matériel d'observation :
nes cartes, ma boussole, etc.; ils me mirent du lest
our parer à tout événement, et l'on fit monter mon

voyageur. — J'embrassai ma femme, et je dis adieu aux parents et amis que je quittais, car je fus appelé à mon tour pour peser la force ascensionnelle.

Je saute dans la nacelle que l'on équilibre et déleste ensuite, au milieu du tumulte que provoquaient les rafales : on avait toutes les peines du monde à ramener, après chaque essai, la diable de machine à un bon point de départ.

Le moment paraît favorable enfin. — Nadar crie le « lâchez tout ! » traditionnel, et nous voilà partis.

Le terrible vent me pousse sur un réverbère, mais une manœuvre adroite de mes amis qui tenaient les derniers câbles pare le choc, et je m'élève toujours aux cris de « Vive la République ! » qui était à la fois l'adieu consacré et comme un défi jeté à l'envahisseur.

J'ajoutai : « Vive la France tout entière !... » Et vogue la nacelle !

Une immense clameur partie de la foule me répondit ; je m'emparai du drapeau, que tenait mon compagnon de voyage, et le fis flotter en signe d'espérance.

Bientôt je ne distinguai plus les personnes, mais, comme on me voyait encore, je saluai de la main le groupe de plus en plus petit où je devinai ceux qui me suivaient du regard et m'accompagnaient de leurs vœux ; puis mes yeux se détachèrent de la place d'où j'étais parti pour embrasser le grand Tout qui surgissait à nos regards et semblait éclore comme une apparition féerique !

V.

VOYAGE AÉRIEN (*côté face*).

Le vertige, on le sait, n'existe pas en ballon; à peine a-t-on quitté la terre que l'on se sent emporté comme à la queue d'une comète qui alors devient votre monde. Le reste change, se déplace, s'agrandit, mais à vous il semble que vous ne bougez plus.

C'était ma première ascension libre! — Malgré mes études de simple « aéronaute en chambre, » je me croyais bien pénétré de mon sujet, et bien assuré de n'éprouver rien que je ne susse parfaitement d'avance. Je n'en restai pas moins tout surpris, étonné, ébahi !

L'horizon s'agrandissait à mesure que nous montions; et cette grande ville de Paris nous apparaissait au milieu avec sa physionomie triste, désolée de prisonnière. — De petites fumées blanches sortaient des forts, des coups sourds ébranlaient l'atmosphère ; nous étions absorbés dans le recueillement contemplatif.

Je revins à moi. J'allais oublier de détacher mes banderoles; — et, crac! je coupe les petits fils qui les retenaient roulées. Je fais mon petit ménage : je tire mes cartes que je déploie sur la cage à pigeons; je pose dessus mon petit compas de marine et consulte le baromètre.

A ce moment la fusillade crépita sous nos pieds, comme les éclats d'un bouquet d'artifices et des sifflements aussi nombreux que les bourdonnements d'un essaim d'abeilles arrivèrent jusqu'à nous. Soit que certains fusils portent plus haut que d'autres, soit que ceux qui s'en servaient aient mieux visé, plusieurs bji...! bji...! bige...! nous passèrent près des oreilles. — Il ne faisait pas bon mettre le nez à la fenêtre; je jetai un demi-sac de lest, je pris une poignée de proclamations et j'envoyai le tout par-dessus bord.

Nous les regardâmes voltiger; mais nous étions déjà loin, et ce fut à peine si nous pûmes apercevoir ceux qui avaient eu la politesse malintentionnée de nous saluer au passage.

A partir de ce moment, espèce de garde à vous! nous nous tînmes sur le qui-vive. Nous cherchions à découvrir nos ennemis; nos regards fouillaient surtout les bois où l'on nous avait dit qu'ils se tenaient comme des bêtes fauves. — Je dois avouer que je n'en vis pas autant que je m'y attendais; cependant nous passâmes au-dessus d'une immense cour avec bâtiments ressemblant un peu à Rueil et qui en était bondée.

Toutes ces faces en l'air, la plupart emmanchées
de grosses pipes, paraissaient déconcertées de nous
voir filer sur leurs têtes. Plusieurs poings se lèvent et
nous menacent ; décidément on ne nous veut pas de
bien, et si on nous tenait, nous passerions un mauvais quart d'heure. Pour toute réponse, nous faisons
flotter notre drapeau. Ils méritaient pourtant que
nous leur fissions quelque farce : c'était facile, mais
vus de si haut ils paraissaient si petits que je me con-
tentai de leur envoyer encore une distribution de
rappels à l'ordre signés Victor Hugo et Louis Blanc.

C'était au milieu de la guerre sans merci ; vain espoir, celui de toucher un ennemi qui, étant sensé, eût
préféré mettre pour le lendemain la sécurité de ses
États dans l'amitié, ou tout au moins dans l'estime
de son voisin, plutôt que de reculer ses frontières et
de leur creuser pour nouvelle limite un fleuve de
sang.

Il eût semblé pourtant que l'union et la prospé-
rité, l'intérêt de deux peuples qui, au fond, n'a-
vaient aucune bonne raison de se haïr, méritaient
bien le sacrifice de quelques concessions ; mais nous
étions trop civilisés en France ; — cet appel, cet espoir en sont la preuve ; — nous ne pouvions nous
faire à cet axiome des temps barbares que « la force
prime le droit ; » — et, avec de tristes pensées, nous
continuâmes notre route.

Je pus lier alors connaissance avec mon voyageur.
J'appris qu'il était colombophile de circonstance,

comme moi aéronaute, et qu'il se nommait Traclet;
il me remit sa carte qui était celle d'apprêteur sur
étoffes et je lui remis la mienne d'horloger-mécani-
cien. Tous deux en ballon par cette maudite guerre
intempestive, à laquelle on ne s'attendait pas et que
certes nous autres n'avions ni provoquée ni désirée.
Tous deux également décentrés de nos occupations
habituelles, mais résolus et fiers de pouvoir servir la
défense nationale et d'être utiles à nos pauvres con-
citoyens bloqués, nous emportions avec leurs lettres
leur cri de douleur et leur suprême appel à la
France.

Grâce à notre ballon, l'esprit dominait les obstacles de la matière et nous trouvions d'avance notre
récompense dans ces milliers de remercîments que
nous promettaient les milliers de belles lettres con-
tenues dans les gros sacs accrochés à notre nacelle
et auxquelles, à chacune desquelles, pour mieux faire
encore, les messagers de Traclet donnaient l'espérance d'une réponse.

Pendant ce temps, nous avancions toujours, et
certainement avec une bien grande vitesse; mais le
calme en ballon est si apparent que Traclet nous
supposait stationnaires. Je fus obligé, pour lui dé-
montrer le contraire, de lui faire placer en lunette
les deux mains appuyées sur le bord de la nacelle,
afin qu'il pût se rendre compte avec quelle rapidité
nous traversions un champ ou un village. Il prenait
aussi beaucoup de plaisir à regarder les volées de pi-

geons tournoyant auprès des fermes et à me les faire
remarquer ; c'était dans son sang d'être colombophile.

Mon baromètre, que je consultai, indiquait qua-
torze cents mètres environ ; je m'étais buté à ne pas
dépasser cette altitude où je me croyais en sûreté,
afin de bien voir et pouvoir aller loin sans perdre
le gaz par dilatation ; ma montre était à neuf
heures et demie et je venais de consigner tout cela
sur mon petit carnet de poche, quand nous enten-
dîmes sur la droite de la route suivie par notre
ballon une canonnade assez bien nourrie que je
supposai venir des hauteurs avoisinant Pontoise.

Je pensai qu'il devait y avoir combat ; une ba-
taille peut-être ? et je cherchai de l'autre côté où
pouvait bien être l'ennemi, sans parvenir à le découvrir. — Par là sont les Prussiens, pensai-je, et
nous serons aux premières loges. J'avais entendu
bien des personnes désirer assister à une vraie ba-
taille sans y courir aucun risque, et c'était nous
qui allions réaliser ce rêve, par un moyen auquel
on n'avait pas pensé.

Je pris donc ma lorgnette et me mis à genoux sur
mes sacs de lest ; j'assujettis bien mes mains sur le
bord de la nacelle et braquai d'abord ma longue-vue
du côté où j'avais entrevu les éclairs. Mais cette
égoïste et méchante satisfaction d'assister, hors de
tout péril et hors de tout danger, au spectacle d'un
carnage, ne fut pas de longue durée.

De formidables bruissements, semblables à ce que

pourraient produire les soupirs de trente-six hippo-
potames, nous entourèrent. Il faut avoir entendu
cela pour se rendre compte d'un pareil bruit. — C'est
comme d'énormes sifflements qui commenceraient
par quelques B... et dans lesquels il y aurait beaucoup de J... I... J... et beaucoup d'R... R... R...
prolongés.

« Bigre de bigre ! mais c'est sur nous que l'on
tire !... » me dit Traclet.

Je n'avais, fichtre ! pas besoin qu'il m'en avertît.
Nous n'étions plus du tout de tranquilles specta-
teurs, mais tout bonnement une cible, un but sans
défense ; quand je dis sans défense, il y en avait
une ; car, en moins de temps qu'il n'en faut pour le
dire, j'avais bondi de ma position agenouillée et
saisi un sac de lest que je vidai presque en entier
d'un coup.

Ainsi délesté, notre ballon reçut une secousse
ascensionnelle semblable, mais dans un autre sens,
à la voiture dont le cheval vient de recevoir un
coup de fouet, et nous montâmes rapidement en
narguant cette fois nos ennemis pour tout de bon.
Notre drapeau flottait toujours ; c'est peut-être ce
qui les avait irrités. En quelques secondes nous
atteignîmes les nuages et nous y disparûmes comme
par enchantement ; nous ne voyions plus rien, mais
on ne nous voyait pas non plus, et pour le moment
c'était l'essentiel.

Un brouillard épais nous entoura de toutes parts ;

ous étions saisis par de la pluie qui, là, ne tombe
lus, mais vous enveloppe de tous les côtés à la
ois. Nos banderoles bruissaient, s'agitaient, et le
rouillard filait autour de nous, en descendant,
omme si nous remontions d'un puits de mine. Il
'éclaircit enfin, et peu à peu nous vîmes poindre
ne nouvelle aurore : nous regardions en haut,
mpatients comme des plongeurs à bout d'haleine,
spirant après le moment de reprendre pour ainsi
ire notre respiration.

Tout à coup, et lancés comme une flèche, nous
îmes irruption au-dessus des nuages ; et, là, un
oleil radieux, que nous n'avions pas vu depuis
uelques jours, éclaira notre ballon d'une façon si
esplendissante que ses rayons en pénétraient jus-
u'à l'intérieur. Nous pouvions, en regardant par
e col d'appendice resté ouvert, apercevoir en haut
otre soupape qui semblait former la clef de voûte
l'une immense coupole. Rien d'étrange et de beau
omme l'intérieur de cette enveloppe vide et éclai-
ée, où règne cette force invisible qui vous tient
uspendu, dans laquelle on a confiance, et que
ourtant on ne voit pas.

Je tenais mon baromètre à la main et c'était plai-
ir de voir avancer sa petite aiguille : seize cents...,
ix-huit cents..., deux mille cinq cents mètres !...
t nous montions toujours. La chaleur du soleil
aisait dilater notre gaz ; je n'étais plus maître de
otre ascension. La mauvaise odeur de l'hydrogène

carboné déborda l'enveloppe et nous entoura ; nou
fûmes forcés de faire des éventails avec nos jour
naux : ce n'était pas le moment d'allumer un cigare

L'équilibre passager que donnent de telles ascen
sions s'établit peu à peu, et nous restâmes suspen
dus à trois mille huit cents mètres, ayant sous no
pieds une immense mer de nuages blancs, flocon
neux et ondulés qui réfléchissaient les rayons so
laires. — C'était un spectacle magnifique et, dan
mon enthousiasme, j'entonnai un chant patriotiqu
qui nous avait salués au départ. Mais, là, tou
seuls, sans écho, au milieu de ce vide immense, d
ce silence neutre, effrayant, cela n'avait pas sa rai
son d'être, et je me tus après le premier couplet; i
me semblait que c'était parler — quoique en musi
que — à un monde que cela n'intéressait pas.

Ce fut donc avec recueillement que nous payâme
au passage, comme d'autres sous la Ligne, notre tri
but d'admiration aux mers éthérées. Dans ces haute
régions, ce n'est plus la tête qui gouverne, mai
pour ainsi dire l'âme qui se révèle et fait parler l
cœur. La contemplation reste le seul refuge de la
pensée, qui s'égare dans l'immensité, dans l'infini
Nous restions là tout interdits, tout troublés, sou
la domination d'un charme extraordinaire, d'une
indescriptible puissance.

Mais des idées plus matérielles vinrent bientô
nous assaillir. Le grand air, — et nous en avions du
plus pur — vint nous rappeler que nous n'avions pas

éjeuné. Je débouchai donc une bouteille et déve-
ppai le pain. Le reste était dans mon sac de nuit;
ais celui-là avait été si bien amarré au cercle, que
ous préférâmes nous en passer. Cela pouvait s'ap-
eler à la lettre casser une croûte, et rien de plus;
ais c'était bon et le contentement nous faisait sa-
ourer ce pain et ce vin avec le même charme que
plus somptueux déjeuner.

Nos petits pigeons roucoulaient pendant ce
emps-là, et ils eurent des miettes de notre fes-
in. — Je dois constater en passant que ces voya-
eurs-là se disputent et même se battent en route.
ls ont l'air maussade. Il est vrai qu'ils ont bien
uelques raisons pour être d'assez mauvaise hu-
neur; car on les sépare nouvellement accou-
lés, voire même et surtout quand ils élèvent des
etits. Ils s'occupent donc très-peu de la route
qu'on leur fait suivre. — Quant à la nôtre, nous
n'étions guère plus avancés qu'eux; n'ayant pas
a terre pour point de repère direct, il nous res-
ait le soleil à interroger, mais il n'avait pas l'air de
e soucier de nous et pour le forcer à répondre, il
n'aurait fallu des instruments que je ne possédais
pas et un savoir que je n'ai pas acquis.

Je m'aperçus bientôt que nous avions sensiblement baissé, petit à petit d'abord, puis graduelle-
ment en augmentant de vitesse. Mais, aussi bien et
plus vivement que le baromètre, les vigilantes banderoles nous en avertirent : à la moindre descente, leur

frou-frou vous prévient et semble vous dire : « Pre-
nez garde ! » Heureusement ! car, à une certaine hauteur, les objets terrestres ne grossissent pas assez
sensiblement pour vous dénoncer le commence-
ment d'une chute; ce n'est qu'en approchant de
terre qu'ils se développent, grandissent et semblent
se précipiter sur vous, comme d'effrayantes appari-
tions fantasmagoriques.

Un peu de lest que je jetai dehors rétablit bien
vite notre équilibre et, par une légère éclaircie,
nous pûmes enfin entrevoir la terre. La terre ! qui,
lorsqu'on quitte ces pures régions vous apparaît
maussade et laide; mais, comme l'homme ne vit
pas seulement d'admiration et de rêverie, nous
étions très-heureux de la revoir pour connaître au
moins où nous étions.

Nous aperçûmes d'abord des champs qui sem-
blaient défiler, puis un fleuve, puis une ville et si-
multanément nous reconnûmes Mantes. C'était bien
Mantes-la-Jolie, avec ses trois tours percées à jour
et sa gare où bifurque l'embranchement de Cher-
bourg. Je notai sur mon carnet dix heures vingt
minutes. — « Décidément, dis-je à Traclet, nous
avons du bonheur, et ce soir nous boirons du cidre
en Normandie. Ma famille est à Saint-Nicolas, près
Dieppe, je ne descendrai donc qu'après Rouen; et
même, si cela va bien, j'irai jusqu'à la forêt d'Arques,
et ce vieux père Pointu qui me demande toujours
quand je viendrai le voir avec mon ballon, sera ébahi ! »

Je retournai ma carte, toujours placée sur la cage
pigeons; je remis en concordance son nord avec
celui de mon compas de marine et m'appuyai à un
cordage de la nacelle pour m'assurer si la direction
était bien telle que je la supposais. Mais le grand
courant supérieur qui nous menait fut remplacé
ou bifurqué par un vent de terre plus fort qui nous
entraîna sur la droite, et la gracieuse ville disparut
à nos regards.

Nous voguâmes relativement longtemps dans
cette nouvelle direction quand une ville impor-
tante — Amiens sans doute — apparut à notre
droite; puis plus tard à gauche, au loin, et se con-
fondant presque avec le bleu du ciel, la mer!... La
mer, cette terreur trop justifiée des aéronautes; il n'y
avait pas à s'y tromper, car j'apercevais bien distinc-
tement, comme deux grandes sentinelles avancées,
les hauts phares de la baie d'Étaples.

« Allons, pensais-je, c'est peut-être dans la
Somme que nous terminerons notre voyage! Une
descente dans l'eau n'est pas réputée mauvaise : on
boit bien quelquefois un petit coup, mais il n'y a
pas de casse-cou à l'atterrissage, et là les barques de
pêcheurs ne manqueront pas de venir à notre secours. »

La mer, m'avait-on dit aussi, se voit de vingt
lieues en ballon : restait à savoir à quelle altitude?
Pour le moment, il n'y avait pas encore tout à fait
péril, et je pensai qu'ayant manqué Dieppe, j'aurais

peut-être le bonheur de descendre près de Boulogne où étaient ma belle-mère et des amis. Si cela eût pu réussir, je leur faisais une fameuse surprise! Je laissai donc filer et tentai l'aventure.

D'ailleurs, il était encore de bonne heure : onze heures et quelques minutes seulement. J'étais là, heureux, au comble de mes rêves, me sentant sûr de moi, gouvernant à ma guise, jouant à l'aéronaute comme un enfant aux petits soldats et savourant le plaisir d'un voyage aérien. Je reculais le plus possible l'instant que, déjà, je prévoyais désagréable : celui de l'atterrissement.

Ayant conservé presque tout mon lest, je me laissais dériver avec confiance vers le nord; mais un nouveau courant inférieur nous entraîna pour la seconde fois vers le nord-est et la mer s'effaça peu à peu.

A partir de ce moment je ne reconnus pas très-bien le pays que nous traversâmes, mais je compris que Boulogne était manqué et la direction mauvaise. Il fallait donc ouvrir l'œil, et se tenir sur ses gardes. Nous nous étions un peu rapprochés de terre, cela nous permettait de mieux voir, mais aussi de constater la vitesse effrayante avec laquelle nous emportait le vent. Traclet trouvait même que cela marchait trop vite.

Une ville fortifiée apparut à nos regards, et bientôt nous la vîmes comme dessinée sur une carte de guerre : c'était Douai. Mais, j'avoue mon igno-

ance : je ne connaissais pas, géographiquement par-
lant, le lieu occupé par les places fortes du nord.
Cette ville à peine passée, nous en apercevions une
autre à très-peu de distance et enfin une autre encore : nous pouvions à un moment en compter
quatre à la fois.

J'étais complétement dérouté... Nous passions si
vite et ma jumelle était si peu puissante, qu'il m'é-
tait impossible de m'assurer si les ponts-levis étaient
abaissés ou levés. Toutes ces fortifications ne me
disaient rien de bon. La volée d'artillerie que nous
avions reçue, et dont les sifflements n'étaient pas
oubliés, me tenait en défiance. Je résolus donc,
une fois sorti de ce quadrilatère, de descendre en
campagne, près de quelque moins belliqueux village, pour demander où nous étions et savoir au
moins si on nous comprendrait encore en français.

Nous entrâmes bientôt dans un pays qui me parut
tout nouveau, et où les chemins de fer se multi-
pliaient sous nos pieds. Je ne tardai pas à remarquer
que les voies en étaient noires, et, comme un mois
avant j'avais passé à Mons et y avais fait cette re-
marque, je supposai que nous étions en Belgique ;
mais, comme à Sarrebruck aussi il y a du charbon, j'avais peur de m'être laissé entraîner trop
loin.

La descente, en ce moment, était en partie ré-
solue dans ma pensée, si toutefois elle était encore
raisonnablement possible. En conséquence, je res-

serrai les cartes et la boussole, rangeai les par-
dessus et jetai dehors la bouteille vide. Je mis dans
ma poche de côté le baromètre que j'attàchai à ma
boutonnière avec une ficelle afin de l'avoir plus facilement sous la main; je m'assurai que les trois
cordes d'appendice étaient bien fixées au cercle,
ainsi que la corde de soupape pour qu'elle ne pût
m'échapper. — Tout ainsi disposé et rangé, je
donnai le premier coup de soupape et en attendis
l'effet.

VI.

L'ATTERRISSAGE (*côté revers*).

Le gaz s'échappa avec force, et je laissai retomber
sec pour bien assurer la fermeture. Rien ne bou-
geant, ni les banderoles, ni le baromètre, je recom-
mençai une seconde fois, en tenant un peu plus
longtemps les clapets ouverts. La machine enfin se
décida à descendre ; toutes nos banderoles remon-
tèrent en frétillant et vinrent frôler la base du
ballon.

Je consultai mon baromètre et suivis la marche
de son aiguille ; puis je regardai à terre les objets
qui grossirent, mais le temps me paraissait long.
— Cependant, nous filions toujours de l'avant, et
des villes que nous apercevions au loin furent dé-
passées avant d'être à portée de la voix.

Nous arrivâmes enfin assez près pour essayer de
nous faire entendre. — Je fais tenir à Traclet un sac
de lest ouvert et tout prêt, afin de pouvoir en jeter

aussitôt la réponse obtenue, et, d'autre part, pour être en mesure de nous garer des clochers ou autres obstacles qui, je l'ai dit, semblent surgir inopinément.

En passant au-dessus d'un grand village, je criai : « Dans quel département sommes-nous? » Mais, soit qu'on me répondît en flamand ou que je ne comprisse pas, je n'entendis qu'une immense rumeur, au milieu de laquelle dominait le mot « Paris!... ballon!... » Une seconde après et nous étions loin. — J'avisai ensuite un homme isolé, dans un champ, se trouvant sur notre route; je le hèle au passage, et changeant de formule, je lui crie de toute ma force : « Quel pays sommes-nous?... » Nous le passons encore comme un éclair, mais j'eus la satisfaction d'entendre dans le lointain sa voix qui me criait : « Belgique! »

« Bravo! » répondis-je. Car je me sentis à moitié sauvé; ce n'était pas une mince satisfaction que de se savoir en pays ami.

Tout heureux, je me retourne alors vers Traclet, impassible, son sac de lest à la main...

Mais, j'aperçois au même instant un monticule qui, comme une vague énorme, dépassait toute la hauteur de notre ballon et s'avançait vers nous avec la rapidité de l'éclair; je n'eus que le temps de saisir le sac de mon compagnon et de le précipiter en entier hors de la nacelle, tout en criant : « Couchez-vous, il n'est que temps! »

Au même instant, nous recevons un choc épouvantable. Ma tête et ma poitrine, dépassant la nacelle qui se couche, vont frapper la terre, et je reçois sur le front et sur le nez le plus grand coup de battoir que l'on puisse imaginer.

Immédiatement l'aérostat remonte dans l'air comme une flèche. Nous retrouvons là le calme apparent, comme si de rien n'était. Nous avions tous deux nos coiffures perdues; moi, je saigne du nez et prends mon mouchoir pour débarrasser ma figure des graviers qui s'y étaient incrustés; ma joue gauche complétement éraillée saigne aussi. Mais, cela ne fait rien : il faut faire bonne contenance, être calme et ne rien laisser paraître pour rassurer mon compagnon.

Je le cherche, et le trouve étendu, affaissé dans le coin du panier, gémissant et se tenant les côtes.

« Avez-vous donc quelque chose de cassé? lui demandai-je.

— Non, me dit-il, mais je n'en puis plus. Quel coup !

— Ça va se remettre, mais attendez un peu. »

Je ne me sentais pas beaucoup mieux que lui; mais pour le rassurer, et en même temps le prévenir, je ne laissais rien voir.

Je lui dis : « Mon cher ami, vous le voyez, l'atterrissage va être dur et il y aura du tirage, comme dit Godard. Vous avez un avant-goût de ce qui va nous arriver, ce sera raide; il faut donc vous atten-

dre à en voir d'autres ; mais ne vous épouvantez
pas, il faut y passer : c'est toujours ainsi malheureusement que cela tourne avec le vent que nous
avons, et on en revient tout de même. Il y a un
bon Dieu pour les aéronautes, disent les gens du
métier ; ayons confiance ; nous sortirons de là à
notre honneur. Je vous ramènerai à terre à bon
port, je vous le promets.

« Seulement ayez soin de bien m'obéir en tous
points et sans hésitation, car nous aurons besoin
d'agir vite ; d'autre part, une fois à terre, ne cher-
chez pas à sauter hors de la nacelle, dans l'intérêt
de votre vie et de la mienne. Je compte sur vous
pour cela ; comptez sur moi pour le reste, et tout
ira bien. »

Il ne s'agissait plus désormais que d'attendre
une forêt, selon la recommandation de Nadar, et d'y
aller faire crever notre ballon. Il y a bien à redouter
là les branches qui peuvent vous enfourcher comme
le rôti d'un sauvage, mais nous n'avions guère
d'autre ressource par le vent qu'il faisait. Nous
étions en Belgique, c'était l'essentiel ; nous ne pouvions aller plus loin sans compromettre notre mission en risquant de passer en Prusse ; il fallait donc
descendre à tout prix et coûte que coûte.

« C'est dommage, pensai-je, que nous ne fassions
pas un voyage d'agrément ; sans cela, nous laisse-
rions filer vent arrière, comme on dit dans la marine, et, ce soir, au soleil couchant — moment où,

à peu d'exceptions près, il règne une heure de calme dans les basses régions de l'atmosphère — nous pourrions descendre au fond de la Russie peut-être, mais en sécurité, et cela fournirait de plus une intéressante histoire. Mais il ne s'agit pas de tout cela : il est midi, on vient de nous crier : « Belgique ! » pas de réflexions et à l'ordre ! Le premier bois sera le meilleur. Préparons-nous et allons-y bravement. »

Je tirai mon couteau ; je coupai l'amarre qui retenait roulé le guide-rope et le laissai filer ; j'en fis autant de la corde d'ancre que je donnai à tenir à Traclet, et nous voilà l'œil à l'horizon, la main à la soupape, tous deux bien préparés et décidés à affronter les chocs inévitables dont notre faux atterrissage de tout à l'heure nous garantissait la violence.

Les forêts sans doute sont rares dans cette contrée de la Belgique, car j'attendis longtemps. — Enfin je vis un bois à l'avant, et aussitôt je me mis à donner le coup de soupape bien mesuré, en ayant sous la main le sac de lest réglementaire. Nous approchons, mais en bas le vent tourbillonne et nous passons à côté du bois. — C'est à recommencer. Un peu de lest dehors, et nous remontons, continuant d'avancer en attendant une occasion meilleure.

Un autre bois se présente après un certain de laps de temps : même manœuvre et même descente ;

3.

encore une fois même tourbillonnement qui nous porte encore à côté. Mais à ce moment j'aperçois devant nous une métairie entourée de pommiers bien massés, bordés eux-mêmes d'une rangée de peupliers si serrés qu'ils semblent une avant-garde placée là tout exprès pour nous recevoir de la bonne façon.

Les maisons, dans une descente en ballon, sont un des plus grands écueils; mais celle-là était encore éloignée et si bien protégée, qu'immanquablement nous ne devions jamais arriver jusqu'à elle. — « Allons-y ! pensai-je ; le moment est favorable. » Et calculant d'un coup d'œil la distance qui restait pour atteindre ma rangée de peupliers, je fis lâcher l'ancre par Traclet, et je tirai si à propos sur ma soupape, que nous vînmes descendre et donner juste au pied des arbres comme un gigantesque coup d'encensoir.

« Gare le choc, et baissez-vous! » criai-je à Traclet. Mais, on a beau crier : « Gare le choc! » il est impossible de l'éviter en pareille circonstance, et nous le recevions formidable, tel qu'il est difficile de se l'imaginer. J'étais étourdi par ce deuxième coup, mais satisfait d'avoir si bien réussi dans la manœuvre qui m'avait porté juste au point où je m'étais proposé d'atterrir. Je me félicitais déjà de mon adresse et de ma chance, le reste n'étant plus, me disai-je en moi, qu'une affaire de temps et de précautions.

Mais ce n'était pas fini; cela commençait seulement. Cramponné à la corde de la soupape que je
tenais grande ouverte, au risque de briser ses res-
sorts, devenus du reste inutiles, j'appelais à l'aide
sans savoir si quelqu'un pouvait m'entendre; mais
en moins de temps que je n'en mets à faire ce récit,
les peupliers, moitié ployés, moitié cassés et esca-
ladés, nous livrèrent passage et, comme un ouragan, nous traversâmes de l'autre côté, en plein dans
les pommiers.

Le vent tourbillonnait avec rage et nous aussi :
ce n'était qu'un craquement de branches, un abatis
de bois et une pluie de pommes inouïe; nous bais-
sions la tête pour éviter le choc des branches d'arbres qui, dans ces moments-là, est à redouter; je
craignais aussi qu'il n'en traversât quelqu'une en
dessous ou par les côtés de la nacelle; malgré tout
je tenais bon, ne lâchant pas ma corde, tirant toujours, espérant en être quitte à la fin pour des dé-
gâts matériels. Je ne cessais de crier comme un pos-
sédé : « Tenez bon, tout le monde! » Chaque coup
donné par les branches et reçu en long ou en travers ne m'épouvantait plus et y trouvant même je ne
sais quel plaisir, je criais en les bravant : « Ça n'est
rien que ça! Amarrez la grosse corde! Attachez
ferme celle de l'ancre! A la nacelle! tout le monde
à la nacelle, et ça va finir! » Ce n'était plus, je l'es-
pérais toujours, qu'une affaire de temps. Un ballon
que l'on gonfle en six heures, ne pouvait se vider

en cinq minutes; et, enroulant la corde de la soupape autour de mes mains, je m'y suspendis tout à
fait.

Mais, au milieu de ces cris et de ceux que je-
taient les paysans accourus à notre secours, au milieu du vacarme et d'un tohu-bohu indescriptible,
je reçois une nouvelle secousse et je me sens emporté de nouveau ! Je sors ma tête hors du panier et
je vois avec terreur que tout était à recommencer,
car nous filions derechef sur la cime des arbres, les
pliant, les cassant avec un bruit, une vitesse et des
secousses effrayants.—Je regarde à l'avant et je vois la
maison, la maudite maison qui se dressait droit
devant nous ! Il n'y avait pas à l'éviter ; vent arrière,
nous courions en plein dessus.

Au moment où le ballon soulevé par la tempête
nous lançait contre les murs avec l'impétuosité
d'une fronde, je recriai à Traclet de toute ma force :
« Couchez-vous et gare le choc ! » Mais c'était inutile, car Traclet était pelotonné au fond du panier,
et recevait tous ces horions sans savoir d'où ils ve-
naient. Pour moi, je baissai vivement la tête au
moment de la monstrueuse claque : la maison ré-
sonna comme un tambour ; nous remontons le long
du mur, une partie du toit est enlevée, nous passons par-dessus, nous accrochons la cheminée qui
nous fait pirouetter en voltigeant, et — patatra ! —
nous retombons de l'autre côté, de toute la hauteur
de l'habitation.

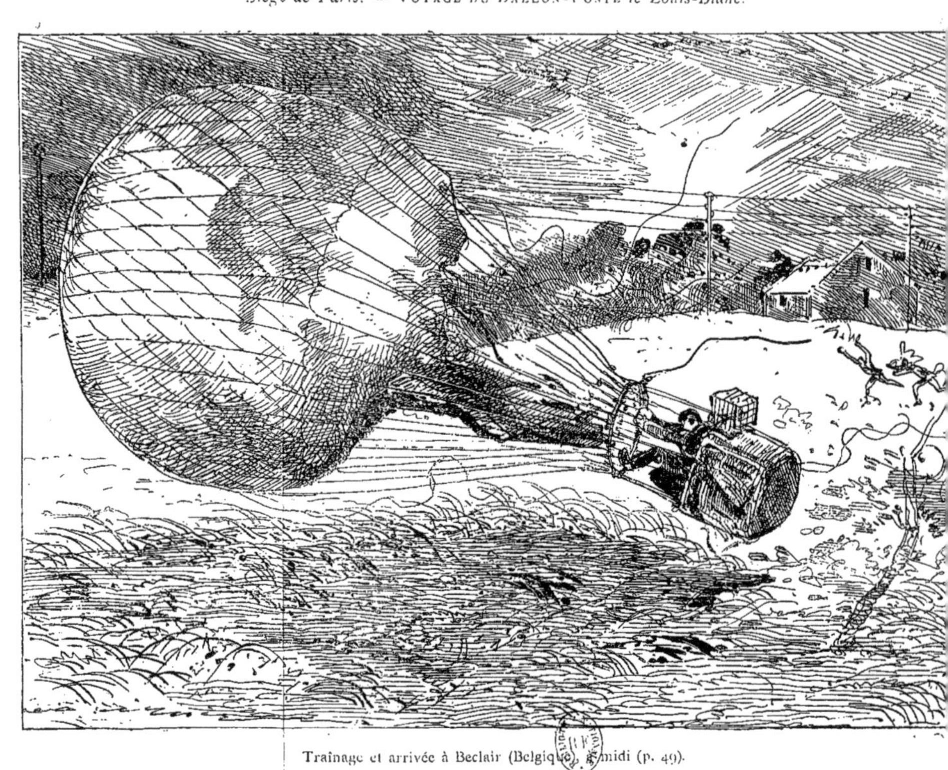

Traînage et arrivée à Beclair (Belgique), à midi (p. 49).

Pile ou face? Je n'en sais rien, tant j'étais étourdi. Les sacs de lest encore pleins, la bouteille d'eau et celle de vin qui restaient, la terre, les cailloux, les feuilles, enfin nos bagages et nous, sans oublier quelques quarterons de pommes, c'était une vraie capilotade dans notre nacelle qui n'était pas retombée sur son fond, mais sur le côté. Tout cela précipité, rapide comme la pensée et sans laisser une seconde d'arrêt qui permît de réfléchir ou de reprendre haleine. Le ballon, qui aurait dû être épuisé par cet effort, n'en semblait au contraire que plus furieux, filant devant nous, couché et traînant à terre; il faisait poche au vent et, comme un gigantesque parapluie remorqueur, il nous emportait, brisant tout sur son passage, avec une vitesse qui me paraissait double de celle d'un train ordinaire.

Meurtri, étourdi, assommé, je nous croyais perdus ou bien près de l'être : car, dès que notre panier, traînant ainsi, rencontrait un tronçon d'arbre, un bûche ou une pierre un peu forte, v'lan ! nous l'embarquions et tous ces ingrédients nous arrivaient comme lancés par une baliste, sans qu'il fût possible de nous en garer.

Dans cette dernière chute, la corde de soupape m'était échappée, et il fallait la ressaisir pour mettre fin à cette course vertigineuse. Je m'accrochai alors au côté du panier formant plafond, et, m'y tenant cramponné d'une main, j'avançai de mon mieux un pied sur le cercle qui, comme le ballon, traînait presque à terre. Après plusieurs tentatives infructueuses, je pus enfin ressaisir cette bien heureuse corde, notre seul espoir de salut, et, me cambrant en arrière pour avoir plus de force, je restai un pied sur le cercle, l'autre dans le fond de la nacelle couchée, tirant à moi de toutes mes forces comme sur les rênes d'un cheval emporté.

Je regardai un instant derrière, et y cherchai mon guide-rope, — grosse corde rugueuse qui devait ralentir notre traînage. — Mais, hélas! il n'y en avait plus qu'une mèche effilochée qui flottait au vent; il avait bien été amarré aux arbres comme je l'avais recommandé, mais il s'était cassé net comme un bout de fil. Quant à l'ancre, qui n'était qu'un mauvais crampon, elle avait sauté par-dessus la maison à notre suite et en avait continué la découverture en nous donnant des secousses à nous jeter dehors; à ce moment elle galopait comme nous derrière nous, voltigeant, tourbillonnant, se cognant et rebondissant à chaque obstacle, au lieu de nous arrêter, ce dont je l'aurais du reste bien défiée.

Cette course fantastique, de deux kilomètres environ, dura dix... cinq... peut-être deux minutes seulement? Je n'en sais rien; mais on vit une année pendant ces minutes-là! Les pensées deviennent pour ainsi dire électriques, tant elles se succèdent avec rapidité. Il faut avoir entrevu la mort, vous apparaissant impossible à éviter, pour se rendre

ompte de ce que l'on ressent ! — « Heureusement,
pensais-je, ma femme ne me voit pas, car elle en
mourrait de frayeur ! et ma pauvre mère !...» Il n'est
pas jusqu'à la grande figure de Nadar qui ne m'ap-
parût gouailleuse, semblant me dire : « Eh bien,
mon pauvre Farcot, persistez-vous toujours à vouloir diriger ces machines-là ? » J'étais à la fois hon-
teux et plein de rage ; je me sentais mourir et
j'étais vaincu dans mes illusions les plus chères.

Mais, reprenant courage, je m'imposai pour ainsi
dire du sang-froid. Il ne s'agissait pas de perdre la
tête, et je regardai à l'avant où nous allions donner
de nouveau. Cette fois, c'était dans un chemin de
fer !... — « Allons, me dis-je, c'est décidément toute
une catastrophe de Hanovre que nous allons recommencer ; et il est dit que rien n'y manquera ! Gare les
fils du télégraphe ! Ne nous faisons pas enlever la
tête ! » Ce qu'il faut de force et de sentiment du devoir à accomplir pour ne pas sauter hors de la nacelle en un pareil moment, ne peut se figurer ; c'est
la première impression, l'instinct immédiat de la
conservation, et il faut être chauvin du ballon, le
considérer comme un navire que le capitaine ne
doit quitter que le dernier, pour résister à la tenta-
tion : elle m'est venue aussi... — Mais mon pauvre Traclet que j'ai là, dans le fond du panier, et à
qui j'ai si bien promis, tout à l'heure, presque en
fanfaron, que je connaissais mon affaire, que tout
irait bien, et qu'il pouvait compter sur moi ! Je ne

puis l'abandonner, ce serait lâche. Et puis on ne
m'a pas confié un ballon pour mon plaisir ; j'ai à rem
plir une mission ; on compte sur moi. Allons, Far
cot ! quoi qu'il puisse arriver, cramponnons-nou
encore, et tenons bon jusqu'à la fin !

A peine ces éclairs de réflexion avaient travers
ma tête, que notre cabriolet du diable, dont la vi
tesse semblait s'accroître, nous jetait sur le chemi
de fer. J'aperçois le talus sur lequel un arbre, — i
n'y en a qu'un, — mais, malheur encore, nous allon
en plein sur lui : impossible de l'éviter ! plus d'es
poir de passer à côté !.. — Bing !.. ça y est !.. e
nous recevons la plus étourdissante et la plus impé
tueusement brutale de toutes nos torgnioles ! J'étai
rentré vivement dans ma nacelle comme un colima
çon dans sa coquille ; je n'avais pas crié : « Gare le
choc ! » n'en ayant plus la force, et cependant je ga-
rantis qu'il en valait la peine.

Je ne sais comment cela se fit : avions-nous pi-
rouetté, tournoyé, dans cette dernière cabossade ? ou
la seule secousse d'un aussi brusque arrêt avait-elle
fait rejaillir Traclet ?... Tout à l'heure dessous, il
était maintenant passé par-dessus moi et son poids
m'étouffait ; j'étais, du reste, à moitié suffoqué d'a-
vance, mais, pensant que ce n'était qu'un moment
de répit, et ne voulant pas perdre de temps pour savoir d'où viendrait le nouveau danger, je me débat-
tais en pestant sans parvenir à me dégager. J'y arrivai pourtant, après un plus grand effort, et, sortant

aussitôt la tête hors du panier, je regardai de quel côté nous allions repartir. — Mais, ô bonheur ! nous étions complétement arrêtés ; et cet arbre maudit, dont je redoutais tant la rencontre, venait d'être notre sauveur.

Voici ce qui était arrivé : le ballon avait d'abord remonté le long de cet arbre assez gros, mais court et à tête touffue ; il avait ensuite atteint les fils du télégraphe et passé par-dessus, mais le bas du filet s'étant embarrassé au passage dans les branches, et la nacelle, en partie soulevée, ayant résisté, le ballon était retombé en plein sur la voie, aplatissant les fils télégraphiques, couchant un poteau et ayant sa soupape projetée de l'autre côté du talus. C'était donc bien fini cette fois ! et cet animal de ballon n'ayant plus une parcelle de gaz dans le ventre gisait là, étendu comme la peau d'une immense bête féroce ! Je pus alors sortir tout à fait de mon refuge. Inutile de raconter ma joie.

Je vis accourir de tous côtés une foule de monde autour de nous : « Là ! mon pauvre monsieur ! jamais nous n'eussions pensé qu'il pût rester quelqu'un de vivant là dedans ! êtes-vous bien blessés ?

— Tenez, me disait un autre, voici une bouteille que nous venons de trouver dans la prairie, elle a dû tomber de votre nacelle ; buvez un peu, ça va vous remettre.

— Non, non, répondis-je, buvez vous-même et à ma santé ; je n'ai pas soif. »

J'étais trop content de voir que tout se terminait bien : je riais de l'air effaré de tous ces braves gens, et même, qu'il me pardonne, de la tête de Traclet, qui était sorti du panier les cheveux ébouriffés, les sacs de lest s'étant vidés sur lui dans nos culbutes; il était méconnaissable : et de rire plus fort ! — C'est si bon de se sentir vivre quand on a cru que tout était fini ! Je le pris à bras-le-corps et le secouai pour le dégourdir.

« Eh bien ! lui demandai-je, êtes-vous content ? riez donc aussi !... sommes-nous bien arrivés ? jamais de votre vie vous n'aviez voyagé comme cela, ni aussi vite surtout. Pensez donc ! trois heures pour venir en Belgique ! » Mais mon impassible compagnon ne se déridait pas : il paraissait ahuri de ce qui venait de se passer, et, en conscience, personne n'aurait pu le lui reprocher.

Pour moi, il me fallait épancher ma joie et mon contentement qui débordaient; j'aperçus une grosse fille, à bonne figure, qui regardait bouche béante; je la pris par la tête et, avant qu'elle eût songé à se défendre, je lui donnai un gros baiser en lui disant : « Tenez, ça vient de Paris par le chemin du ciel ! »

« Mais où sommes-nous ? la station est-elle loin ? quelle est la ville française la plus proche ? y a-t-il parmi vous quelque autorité ? »

Et chacun de me répondre : « Vous êtes à Béclair, canton de Leuse, dans le Hainaut ; Lille est la ville

ançaise la plus proche ; la première station est Ha-
nes... — Monsieur, je suis le bourgmestre. — Mon-
eur, je suis le chef de station d'Havines, je vais
ire venir un petit vagonneau et faire conduire vo-
e nacelle à la gare; mais je vous en prie, débarras-
z la voie, nous attendons un train. »

Ne pouvant dégabilloter le filet du cercle, je cou-
ai au ras les boucles des rallonges afin que le tout
ût servir de nouveau. Aidés par tout le monde,
ous relevons le poteau télégraphique pour réparer
utant que possible le dommage causé, puis nous
oulons et rejetons le ballon de l'autre côté de la
oie : on charge dans la nacelle les sacs de dépêches,
os bagages et le cercle ; et le tout sous bonne es-
orte, notre drapeau en tête, va nous attendre à
Havines.

Traclet cherchait ses pigeons : les pauvres inno-
ents messagers avaient été en partie écrasés dans la
escente; il en restait deux. On nous en rapporta
d'autres qui avaient été ramassés autour de la ferme,
mais les malheureux faisaient peine à voir.

Lorsque tout fut en ordre, nous acceptâmes l'aimable invitation qui nous avait été faite par MM. Lefèvre, et nous nous rendîmes à leur habitation où
tout avait été préparé pour nous recevoir. Ce fut un
véritable accueil d'amis.

On dressa le procès-verbal de la descente, sur
lequel ont signé :

Louis Masier, échevin à Maulde ;

Guillaume Ostermans, chef de station, percepteu
des postes à Havines ;

Jean Beerblock, employé de la voie ferrée ;

C. Delong, fermier (— l'homme aux pommier:
notre victime) ;

Auguste Vonner, échevin ;

Et MM. Lefèvre frères et sœurs, nos aimable
amphitryons.

Mais que de questions impatientes nous avions :
satisfaire!... « A Paris, comment ça va-t-il ? on di
que l'on s'y bat ? etc., etc. — Mais non, me
amis, mais non ! Paris est beau, Paris est héroïque
tout le monde s'est levé, il n'y a plus de partis; no
bataillons de marche manœuvrent déjà comme d
vieilles troupes, et on a bon espoir. Mais c'es
la province ? se lève-t-on aussi en province ? car Pa
ris tout seul ne peut pas sauver la France, et i
compte qu'elle va suivre son exemple. »

Mais le temps passe, et nous partons pour la station. Là, nous attendait une foule de monde accou-
rue de toutes parts ; et c'était un baume que de voir
la sympathie qu'inspirait notre pays malheureux.
Cela faisait du bien d'entendre les souhaits et les
encouragements que l'on nous chargeait d'emporter
en France. Un aveugle conduit par la main venait de
courir quatre lieues pour parler avec nous et toucher
de ses doigts le ballon qui nous avait transportés.

Enfin le train de France passe et nous emporte !
Nous continuons sur la ligne à recevoir des encou-

agements et des ovations. — A la douane, on demande les passe-ports, et nous plaisantons de ce que
l'on ne nous avait pas soumis à cette formalité
quand nous étions passés quelques heures avant.

A Lille, les abords de la gare étaient encombrés :
on avait télégraphié l'arrivée d'un aéronaute de Paris : un charmant compagnon de voyage, M. Lon-
gaye, manufacturier de la ville, m'envoie chercher
une voiture. Je me dérobe aux curieux et, sans perdre une minute, je me fais conduire au bureau télégraphique. Là, je remets mes dépêches particulières
adressées à la délégation de Tours et m'en fais déli-
vrer un reçu. Je cours à la poste et reviens aussitôt
à la gare où un train en partance, ayant un bureau
ambulant, reçoit mes sacs de dépêches et de lettres
dont je me fais également donner quittance.

Le gros de la besogne était fait. Je me sentais donc
libre enfin et déchargé de la responsabilité que j'a-
vais acceptée. Je pouvais reprendre haleine, mais un
monsieur vient me demander si je songeais à rendre
visite au préfet. « Il vous fait chercher, me dit-il, et
je suis prié de vous conduire près de lui. » Je n'étais
guère présentable : mon pantalon, déchiré aux genoux, était rattaché avec des épingles, les coudes
troués, pas de coiffure, et la figure abîmée de telle
façon que j'avais eu peine à me reconnaître dans une
glace.

Je partis néanmoins emmenant Traclet, et accom-
pagné de notre introducteur qui nous annonça.

Nous fûmes bien reçus et bien interrogés, tout naturellement. Je répondis de mon mieux à toutes les demandes, essayant de peindre le Paris résolu, patriote et plein d'espoir que je venais de quitter. Mais les Prussiens avaient menacé d'investissement les places fortes du nord qui n'étaient plus protégées, et je me sentis un peu comme un charbon tombant dans la glace.

Traclet, quoique à moitié perclus, partit le soir même pour Tours avec ce qui lui restait dé ses pigeons. Je lui recommandai bien, aussitôt arrivé, qu'on n'oubliât pas au moins de faire parvenir sur Paris de nos nouvelles, n'ayant pas voulu naturellement disposer pour nous seuls d'un messager qui pouvait en un voyage transporter plus de mille dépêches; mais, soit par le trop de fatigues, soit qu'ils aient été tués en l'air, au retour, nos pauvres petits camarades de route ne revinrent pas à Paris, et nos familles inquiètes ignorèrent notre sort jusqu'à l'armistice.

Après le départ de Traclet, je dus accepter un punch qui me fut offert par les chefs de gare et quelques personnes de la ville. Il me fallut encore satisfaire toutes les curiosités bien légitimes : chacun voulait savoir ce que disait et faisait Paris, le dernier espoir. Enfin, cette journée, pour moi si pleine d'émotions et si bien remplie, tire à sa fin, et je puis aller prendre un repos vraiment nécessaire.

Je m'étendis plutôt que je ne me couchai : moulu

ompu, détraqué, tout cuisant de mes écorchures et
e mes bosses, tout étonné comme après un rêve,
ais joliment content de me sentir encore en vie.
étais satisfait, d'autre part, d'avoir bien rempli ma
ission, n'ayant rien perdu ni rien oublié. Tours
vait dû déjà recevoir ses dépêches; j'étais heureux
n pensant aux dix mille lecteurs qui, le lendemain,
uraient des nouvelles de leurs familles. J'avoue
ue j'étais content de moi, et je dormis bien.

VII.

SUITE DU VOYAGE.

Cette première campagne bien terminée, il ne s'a-
gissait plus que de me préparer à en entreprendre
une seconde, et je développai le plan que j'avais emporté en germe de Paris : il s'agissait d'y rentrer
avec utilité autant que possible, et d'en repartir une
deuxième fois encore en ballon.

Je ne pouvais, comme je l'aurais désiré, me mettre
immédiatement en route; j'aurais paru suspect au
milieu de l'ennemi avec ma figure balafrée, qui faisait dire aux moutards de Lille : « En voilà un qui
a dû se battre avec les Prussiens! »

Ma combinaison, pour rentrer dans Paris, con-
sistait à me rendre à Chartres, au milieu de ma famille; puis, de parents en amis, à arriver à Orsay;
puis plus près; et alors je comptais sur un mouve-
ment d'assiégeants et d'assiégés pour me porter au
milieu des Parisiens. D'autres combinaisons se pré-

sentèrent également à ma pensée; mais, d'une façon ou de l'autre, je ne voulais pas que cette rentrée fût inutile. Je désirais emporter des notes, des dépêches, ou tout au moins de bonnes paroles. Enfin je songeai qu'il devait exister un signe quelconque pour se faire reconnaître aux avant-postes français, car je redoutais autant leurs balles que celles de l'ennemi.

On me fit espérer que le procureur de Lille pourrait me renseigner à ce sujet, et je me rendis chez lui sans penser à ma figure empapillotée. Au premier abord, il passa de l'autre côté de la table, lui ayant sans doute produit l'effet d'un malfaiteur venant se constituer prisonnier. J'expliquai le but de ma visite : alors je fus félicité et même encouragé ; M. le procureur me fit espérer que si je venais à être tué dans mon entreprise, on ferait une pension de douze cents francs à ma veuve. J'en fus flatté ; mais je répondis néanmoins que les sentiments qui me faisaient agir étaient tout patriotiques et que ma position me permettait de risquer ma vie gratis. Il ne pouvait m'aider en rien, puisque rien n'avait été prévu pour ces tristes circonstances. Nous causâmes toutefois de la possibilité de créer un passe-port microscopique et il me fit voir, comme pouvant y être appliquée, une petite feuille toute noire sur laquelle on pouvait écrire et rendre ensuite les caractères visibles par un procédé chimique.

Je me rendis à Beclair pour recueillir les épaves

du *Louis-Blanc*. Le ballon que j'avais prié d'étendre
était, malgré mes recommandations, resté roulé. Il
était perdu et tout consumé par la réaction de l'en-
duit, comme l'ont été la plupart des ballons du siége
qui partaient tout frais vernis. Je pensai que l'on
pourrait facilement le reconstruire, comme on le
verra plus tard, et j'emportai seulement la nacelle,
le cercle, la soupape et l'appendice, ainsi que l'ancre
que je voulais conserver comme une curiosité, tant
elle était tordue. Je fus ensuite obligé de parlementer
avec un négociant qui avait acheté sur pied la ré-
colte des pommiers que nous avions si bien dépouil-
lés, sans gaules; il voulait absolument garder mon
filet en échange. J'eus beau lui dire en plaisantant
que je n'avais pas cueilli ses pommes exprès, que
c'était bien sans le vouloir et que nous n'avions
même pas pensé à lui faire le tort d'en manger une
seule, je ne pus le désarmer en le faisant rire de nos
malheurs. Enfin, à force de bonnes raisons, il aban-
donna ses prétentions et je pus sauver, quoique bien
mutilée, une partie essentielle à ma future recons-
truction.

Un autre personnage, qui ne se révéla pas à ce
moment, m'envoya plus tard, avec prière de l'ap-
puyer, une pétition qu'il adressait à M. Thiers, et
où, après un bel exposé des motifs et circonstances
périlleuses dans lesquelles il nous avait assistés, il
demandait tout simplement la croix pour les dangers qu'il avait courus. — Ces braves gens-là qui ne

doutent de rien vraiment se figurent que nous avons
tous des récompenses et qu'il y en a de reste pour eux.

Bref, tout étant réglé, il fallait donner le temps à
mon épiderme de reprendre son premier aspect avant
d'entreprendre ma rentrée à Paris. J'eus donc le loi-
sir de passer à Boulogne où était ma belle-mère, et
à Dieppe où résidaient mon père et ma mère ayant
avec eux mes enfants. Je ne consacrai que quelques
jours au plaisir de me trouver au milieu d'eux, et
me mis en route pour le Havre, où je pensais re-
trouver les camarade de notre équipe. Arrivé dans
cette ville, je pris connaissance d'un ordre rappelant
à Tours, avec leur matériel, tous les aéronautes sor-
tis de Paris; je me rendis à cet appel, après avoir
télégraphié à Lille de faire suivre ma nacelle et ses
accessoires. Je passai par le Mans, où il y avait une
véritable armée française; quelques-uns des nôtres
s'y trouvaient, mais je ne pus obtenir aucun rensei-
gnement à leur égard; chacun tenait bouche close à
ce sujet : on espérait des ballons quelque merveille
scientifique qui vînt nous relever de nos infortunes.

Arrivé à Tours, je remis à M. Feillet, tout spécialement chargé de ce service, un abrégé de mon
voyage; je lui fis part de l'intention que j'avais de
rentrer à Paris. Ce fut alors qu'il me proposa d'entreprendre ce voyage en ballon. Je ne pensais pas
que ce moyen fût praticable; mais enfin, puisque
d'autres l'essayaient sans autre auxiliaire que la
chance du vent favorable, je pensai que je pouvais

l'entreprendre aussi en mettant une chance de plu
de mon côté.

N'ayant à notre disposition que des aérostat
sphériques, je ne pouvais, vu leur peu de stabilit
dans l'air, y agencer une hélice que les cordes de l
nacelle m'auraient empêché de porter à volonté d
côté où j'aurais voulu agir à un moment donné. J
demandai donc l'autorisation de faire construir
une nacelle ronde avec plancher un tant soit peu
blindé de laine (je me souvenais des balles ennemies)
au centre duquel aurait pivoté un fort ventilateu
qui m'aurait permis d'envoyer un courant de chass
à l'arrière de la direction voulue ; le tout complét
par un gouvernail et deux hommes vigoureux. Sup-
posant que je partisse de Chartres, distant de ving
lieues, pour atteindre Paris dont le périmètre, par l
protection des forts, était de dix environ, je pensai
qu'il n'était pas déraisonnable d'espérer atteindre l
but en partant avec un vent à peu près favorable,
bien entendu, et secondé par la dérivation que nous
pouvions ainsi obtenir.

La dépense à faire était peu de chose. Cependant
M. Feillet crut devoir me renvoyer devant le comité
scientifique où je fus certainement bien accueilli,
mais qui, déjà assailli de demandes, se trouvait las
de recevoir à chaque instant des personnes douées
de plus de bonne volonté que de science aéronautique. Plusieurs membres cependant me promirent
leur appui et me déclarèrent, en outre, que ce projet

leur paraissait le seul pratique, dans les conditions où nous nous trouvions; mais les attentes et les antichambres durèrent huit jours.

Pendant ce temps, le prévoyant M. Steenakers, directeur des télégraphes et des postes en province, pensa à envoyer des aéronautes à Lyon, afin qu'en cas d'investissement de cette ville, on pût en faire sortir les dépêches et emmener des pigeons de retour. Je fus désigné pour seconder l'aéronaute Gilles dans cette mission, et j'abandonnai bien à regret la problématique rentrée à Paris dont le rêve de succès me flattait beaucoup. « Après tout, me dis-je, Lyon est la seconde cité de France, c'est un poste qui mérite d'être occupé, et, si le malheur voulait que cette ville fût investie, nous serons là, tout prêts à lui rendre des services.

Immédiatement je me mis à rassembler le matériel nécessaire. Je fis passer en première ligne le *Louis-Blanc* et le *Neptune* , puis un autre ballon, le *La Fayette,* cubant deux mille mètres et qui avait été construit avec soin, comme tous les ballons d'Eugène Godard. Le tout fut envoyé au chemin de fer. Duruof, que j'avais retrouvé à Tours, m'enseigna avec beaucoup de complaisance la théorie de la construction du ballon, de laquelle je n'avais eu à Paris que quelques notions pratiques. Bien renseigné dès lors et toutes notes bien prises, nous reçûmes nos lettres de départ et nos titres d'Aéronautes délégués pour la ville de Lyon. Au moment du départ, il nous fut

4.

adjoint, comme aide, un jeune aéronaute, M. Iglesia, également venu de Paris, et qui, comme Duruof, Gilles, Revillod, Trichet, Nadal et moi, était parti de Paris sous la direction de Nadar.

Nous arrivâmes après un voyage assez pénible et comme l'on n'en fait que par ces affreux temps de guerre. Nous nous présentâmes d'abord au préfet, M. Challemel-Lacour, qui manœuvrait là, au milieu d'écueils, une barque fort peu aisée à conduire ; puis à M. Cartier, inspecteur divisionnaire des télégraphes, qui, secondé par M. du Sablon, sous-inspecteur, mirent toute la complaisance possible à nous aider dans notre organisation.

Devançant notre arrivée, on avait cru bien faire en installant dans les clochetons de la préfecture des pigeons voyageurs. — C'était triste et comique à la fois, — on avait choisi sur le marché tout ce qu'il y avait de plus beau et de plus gros : il y en avait de huppés et de colorés des nuances les plus attrayantes. Ils ignoraient qu'en fait de pigeons voyageurs, comme aussi quelquefois ailleurs, ceux qui rendent le plus de services sont justement les plus modestes dans leur plumage. Heureusement qu'à Tours j'avais reçu des leçons de mon compagnon Traclet et de Van Roosebeke, dont les conversations sur ce sujet m'intéressaient beaucoup. Je laissai donc les superbes pigeons à la préfecture et je pris en ville l'adresse des amateurs chez lesquels je savais trouver mon affaire en temps opportun.

Notre atelier une fois organisé, je relevai l'épure du *Neptune* que je fis construire à côtes vertes et blanches; je reconstruisis ensuite mon *Louis-Blanc*, tout blanc, et on peut croire que j'y mis tous mes soins : doublure renforcée à la partie supérieure, collerette à la soupape, corde de déchirure comme au *Neptune*, afin de pouvoir le fendre en deux à l'atterrissage en temps de tempête et supprimer ce traînage atroce dont nous avions été victimes. Enfin je fis de mon mieux pour quelqu'un dont ce n'était pas le métier.

Nous pensâmes à faire venir de Marseille des compas de marine et des baromètres : nous voulions que les autres profitassent de notre expérience et ne fussent pas lancés dans l'air comme des chats dans l'eau, ainsi qu'il en avait été pour la plupart de nos camarades. Nous avions sous la main des gabiers qui n'attendaient que notre réquisition pour venir travailler aux cordages et faire leur éducation d'aéronautes; des épures étaient prêtes, des mesures de filets bien indiquées maille par maille, de la soupape aux pattes d'oie et rallonges. Je pensai que la ville, de ce côté, pouvait parer à tout événement sans qu'il fût nécessaire que j'y restasse.

J'écrivis à Tours à M. Feillet pour lui annoncer que nous avions du matériel prêt et que s'il voulait bien m'envoyer dans une ville plus menacée que ne l'était Lyon, il me ferait plaisir; j'ajoutais même que s'il y avait probabilité d'investissement quelque part, et que l'on n'eût pas le temps de faire entrer des aérostats tout faits, on ne craignît pas de m'y faire aller seul, et qu'avec de la toile, de la corde et du gaz, j'en ferais sortir la correspondance. J'avais été si navré de voir des villes comme Strasbourg et Metz sans communication aucune, que je tremblais qu'il en fût de même pour d'autres places fortes.

Gilles et Revillod étaient partis pour Langres et j'étais resté seul à Lyon où, vu la gravité des événements, je m'impatientais de n'avoir pas plus d'activité à déployer. Enfin je reçus à mon tour un long télégramme par lequel on me prévenait d'avoir à faire immédiatement mes préparatifs pour aller me faire bloquer à Besançon. Mais Gilles et Revillod, embarrassés de leur matériel sur des chemins de fer désorganisés, arrivèrent trop tard à Langres, ils se rabattirent sur Besançon, et je reçus contre-ordre.

Malheureusement c'était la fin. On ne pouvait plus tenir, assura-t-on ; l'armée du général Bourbaki était forcée de passer en Suisse. — Pauvre et brave armée, combien elle avait dû souffrir !... — Nous succombions sous le nombre, l'abandon et la mauvaise fortune ; on avait fait tout le possible, l'honneur était sauf. Mais on n'avait pu sauver la France...

Les plus belles résolutions, les plus grandes choses ont souvent une triste fin : témoin mon beau Paris que j'avais laissé au départ si patriote, si grand et si uni !...

Qu'est devenu au milieu de tout cela mon paurre ballon le *Louis-Blanc* ? — J'espère qu'il existe encore pourtant et que, dans un but plus pacifique, dans l'intérêt de la science, il pourra, explorer de nouveau un monde qu'il nous reste toujours à con-quérir.

FIN DU VOYAGE.

VIII.

SIMPLE PROJET.

Il serait impardonnable à un marin ayant failli échouer sur un écueil, de n'en pas relever la position pour en signaler non-seulement le danger, mais aussi pour indiquer les moyens de l'éviter à ceux qui, après lui, doivent suivre la même route. C'est ce que je vais essayer de faire, car nous ne resterons pas, je suppose, avec nos horions, sans chercher au moins à les éviter à l'avenir.

A mon avis, il serait donc d'une grande importance pour l'État — qui peut le faire sans frais — de créer une École théorique et pratique d'aérostiers militaires et civils, ainsi que Nadar avait essayé spontanément de l'improviser au point de vue des études scientifiques, mais aussi et surtout au point de vue militaire, puisque nous sommes tous appelés à être soldats.

Mon désir est que l'on puisse se faire une idée de

la grande importance de cette création, et je vais faire mon possible pour en laisser percevoir l'utilité; mais, avant, je vais rassurer ceux qui seraient disposés à prendre part aux travaux de cette future école.

Je n'ai point exagéré les dangers d'une ascension telle que celle que j'ai faite, — dangers relativement petits, pourtant, comparés à ceux courus par plusieurs de mes collègues. — Dans ce moment-là, tout était à faire, et il ne s'agissait pas de marchander les chances; mais ces dangers peuvent être conjurés ou supprimés en partie.

Le départ et le voyage d'un navire aérien, — semblables en cela à ceux du navire — sont pleins de charmes. Plus heureux que son collègue nautique, le ballon ne redoute plus de dangers une fois dans sa mer éthérée, car elle est pour lui sans écueils: même au milieu de la tempête qui l'emporte, il n'a rien à redouter de l'ouragan dont il fait partie et qu'il peut aisément surmonter et présider pour ainsi dire. Mais pour atterrir, comme pour entrer au port, par mauvais temps, les dangers deviennent comparables ou plutôt étaient comparables : car demain, si l'on veut, le ballon peut être débarrassé de ces mauvaises chances qui, malheureusement, resteront à son aîné.

Ces moyens sont simples et faciles ; anciens et nouveaux, les voici. Je vais au plus pressé d'abord, ayant été payé pour cela.

1° Une corde de déchirure! — A l'avenir, nul ballon ne devrait prendre l'air sans avoir une corde nerveuse fixée à l'appendice, remontant de là entre deux côtes jusqu'au sommet, près de la soupape, où elle sera légèrement fixée, pour rentrer d'une façon hermétique à l'intérieur du ballon. Cette corde descendra à côté de celle de soupape, dont sa couleur différera pour éviter tout danger de confusion, et elle aura, comme cette dernière, son extrémité fixée au cercle afin qu'elle ne puisse pas s'échapper et reste toujours facile à saisir.

Dans une descente comme la mienne, il suffira, une fois le ballon à terre, de saisir cette corde et de tirer à soi la déchirure, amorcée sous couvert, pour fendre le ballon en deux. Alors plus de traînage ; plus de ces affreuses culbutes qui menacent la vie des aéronautes et compromettent leur mission. On en sera quitte pour faire recoudre une bande d'étoffe que l'on pourra même emporter avec soi.

2° La nacelle devra toujours être capitonnée, surtout à son bordage, où va se cogner la tête à l'atterrissage par grand vent : on l'a vu par Traclet. Un seul choc est capable de faire perdre connaissance. Une épaisseur de crin matelassée et placée sous le fond et aux angles de ladite ne serait pas inutile ; cela n'est pas lourd et peut garantir une secousse d'atterrissage et arrêter les balles. Lorsqu'elles sifflaient à la sortie de Paris, je me tenais sur mes sacs de lest qui sont aussi très-bons pour se garantir, mais la quantité

1'est pas toujours pour cela suffisante et ils doivent d'ailleurs garder leur destination.

3° Le guide-rope devra être solide pour qu'il ne casse pas; on ne devra pas craindre de le faire gros et long; il devra être fixé non au cercle, mais à un anneau formé par un câble entourant la nacelle à la hauteur de son bordage, et passera ensuite par un autre anneau fixé à l'extrémité d'une espèce de mât d'artimon court et solidement gréé à la nacelle. On comprend qu'ainsi il la maintiendra droite au traî-nage, qui du reste ne sera plus que de courte durée. D'autre part, les cordes qui maintiennent la na-celle suspendue au cercle seront au nombre de deux seulement; elles l'entoureront (dans le sens parallèle au guide-rope) en passant dessous à frottement serré, et les quatre extrémités de ces deux cordes viendront comme de coutume se boutonner aux gabillots du cercle. Étant ainsi disposées, si le ballon vient à traîner, les deux cordes d'arrière s'allonge-ront d'autant que se raccourciront celles du devant, et le fougueux véhicule attelé à traits égaux ne culbutera plus son équipage. — Ces cordes à ral-longes, concurremment avec le nouveau point d'at-tache du guide-rope, empêcheront la nacelle de se transformer en cette terrible capote de cabriolet dans laquelle j'ai si vivement voyagé avec Traclet.

4° Ce guide-rope ainsi fixé fera aussi connaître à l'avance, d'une façon certaine, le côté qui, à la des-cente, sera la proue : alors c'est à ce côté d'avant que l'on fixera toujours l'équivalent de mes sacs de dépêches. Ce sont ces énormes balles élastiques qui m'ont garanti en amortissant les chocs, quand j'ai été lancé contre la maison : il est donc indispensable d'en placer ainsi dans tout voyage aérien ; leur grosseur pourra être augmentée et leur forme modifiée, afin qu'ils concourent aussi à empêcher la nacelle de chavirer.

5° La corde d'ancre sera supprimée. Une ancre véritable et solide et non pas un mauvais crampon aura son anneau passé dans le guide-rope près de son point d'attache. Cette ancre sera retenue à la nacelle par un bout de filin, ou sera simplement accrochée au mât d'artimon ; on ne la laissera filer que lorsque la nacelle sera à terre et la course ralentie par le guide-rope. En glissant ainsi sur le même point de ralentissement, elle ne donnera pas de contre-secousses à vous jeter hors de la nacelle, et arrêtera celle-ci au moment où l'anneau rencontrera le gros nœud terminant l'extrémité de cette longue corde d'arrêt. Voilà donc en partie, si ce n'est tout à fait, supprimés les dangers de la descente.

6° Une soupape grande et à clapets hermétiques, garnie de gutta ou de quelque autre substance permettant de s'en servir sans décoller l'affreux mastic qu'on a l'habitude par trop traditionnelle d'employer et qui ne permet pas d'user pendant le voyage de cet utile auxiliaire.

7° Des banderoles en soie légère, afin que la

pluie ou le brouillard des nuages ne puissent pas les détériorer, et une bonne jumelle marine pour bien reconnaître le pays, et au besoin distinguer les amis des ennemis.

8° Des petits ballons rouges (1) gonflés à l'hydrogène pur, pour les lancer comme explorateurs et découvrir la direction du vent d'en haut, si utile à connaître à l'approche de la mer ; puis d'autres ballonneaux, simplement gonflés à l'air atmosphérique, pour tâter et reconnaître les courants inférieurs, tout aussi nécessaires à discerner avant la descente. Ces mêmes ballons de couleurs voyantes, étant à peu près équilibrés, seront plus tard un excellent loch pour juger à première vue les essais de direction : on saura ainsi, d'une façon simple et sûre, si l'on gagne sur le vent, si on le biaise ou avec quelle vitesse on le domine.

9° Il sera bon de réunir dans une boîte plate et facile à remiser à la descente les instruments suivants : un baromètre métallique de hauteurs, un thermomètre également métallique, une bonne boussole ou compas de marine avec rose des vents, puis un hygromètre et un petit compteur horaire. Au couvercle de cette boîte seront reliées les feuilles de bord tracées en colonne avec entête indiquant les instruments à contrôler ; un crayon attaché à un fil

____

(1) Je dis rouges, afin qu'ils ne se confondent pas avec le bleu du ciel, ou le vert et jaune de la terre. *

de soie sera tout prêt pour consigner vivement toutes les observations avec notes en marge, puis derrière ces feuillets, et faciles à sortir, seront des cartes toutes tracées suivant la direction probable du voyage et des contrées à parcourir.

10° Une grande cage à pigeons sera accrochée en dehors, à l'arrière : elle aura son dessus solide et placé à fleur de bordage; il servira de table pour placer les cartes et la boussole. Même en excursion de plaisir, on ne devrait jamais partir sans ces gentils compagnons de voyage; à part l'intérêt et la distraction qu'ils procurent, on s'habituerait à s'en servir utilement, en leur faisant à l'arrivée porter les dépêches et notes du voyage. Ils feront partie plus tard, comme je l'espère, des sujets d'études de la nouvelle et future École Aérostatique.

Toutes ces précautions étant prises, il ne restera plus que les plaisirs du voyage aérien, et ils sont grands. Ils sont peu connus et par cela même peu recherchés, ce qui est dommage. Je prédis à ceux qui entreront hardiment dans cette voie de l'avenir, des satisfactions et des charmes tout nouveaux, sans parler du mérite de participer à un des plus grands progrès que réalisera notre époque.

On connaît les services qu'ont rendus à Paris les ballons-postes et les pigeons voyageurs : que d'intimidations et d'histoires mensongères n'ont-ils pas paralysées auxquelles reste soumise une ville ignorant ce qui se passe au delà de ses murs! Que l'on songe aux inquiétudes, aux souffrances morales des villes comme Strasbourg, Metz et Belfort, privées de nouvelles de Paris et de la France entière; que l'on pense aux modifications qu'auraient éprouvées les siéges de ces villes, soutenues, encouragées, consolées en envoyant leurs dépêches et en recevant des réponses, des avis, des ordres, — la vie morale enfin, — par leurs messagers ailés.

Eh bien! tous ces services, pourtant si grands, sont peu de chose comparés à ceux que peuvent rendre des aérostats bien organisés, dans d'autres applications. On comprend qu'il serait dangereux d'entrer ici dans des détails à ce sujet; ce sera l'affaire de la nouvelle école qui, je l'ai dit, doit être progressive et militante. Un Manuel d'Aérostation théorique et pratique reste à faire; ce Manuel mettrait d'abord les élèves en mesure de construire seuls des ballons simples ou d'observation. Ensuite des études similaires et parallèles à celles de la marine compléteraient leur éducation. Les premiers exercices pratiques débuteraient par les ascensions captives qui formeraient les hommes aux manœuvres nouvelles; puis, en temps calme, on ferait des reconnaissances dans l'atmosphère, ascensions beaucoup moins pénibles, plus belles et moins coûteuses que celles que la mode mène faire en Suisse ou aux Pyrénées.

Plus tard, les moyens d'action ayant augmenté et les services météorologiques étant établis, on

pourra partir par des vents dont on aura reconnu
la constance et la direction , pour faire, dans l'intérêt de la science et du progrès aéronautique, des excursions plus lointaines ; on se dirigera hardiment
vers l'intérieur du continent, et les résultats de ces
voyages paraîtront extraordinaires , car on n'a pas
encore idée de la vitesse avec laquelle, dans de certains moments, on peut réaliser ces vertigineuses
pérégrinations (1).

Les livres de bord de ces excursions au long cours,
reunis et centralisés à la façon du travail fait par le
commandant Maury pour la marine américaine,
nous donneraient la connaissance des vents géné-
raux qui règnent dans les hautes régions de l'atmosphère. Les remarques faites sur les voyages anté-
rieurs et sur ceux entrepris pendant le siége de Paris
démontrent, pour chaque saison, une concordance
et une suite assez remarquables ; étudiés dans chaque
région et dans différents pays, et aux altitudes di-
verses, ils donneraient certainement, même avec de
faibles moyens de dérivation, la facilité d'arriver à
de grands résultats d'ensemble. Mais le progrès
aérostatique n'est pas limité à ces seules bouées mou-
vantes ; je suis depuis longtemps assuré de la facilité qu'il y aurait de construire au moins des canots
dirigeables. On commencera par ceux-là, puis après,

(1) Une partie des moyens a été consignée dans mon ou-
vrage intitulé : *La Navigation atmosphérique,* publié en 1859
à la Librairie nouvelle.

on ira aussi loin qu'on le voudra dans les dimensions.

Mais pour tout cela, il faut des gares, des chantiers, de l'hydrogène à bon compte, des équipes jeunes, hardies, instruites, savantes même ; il faudrait, pour réaliser ce rêve, un Richard Wallace de l'Aérostation, c'est-à-dire un bienfaiteur de l'humanité.

Mais comme en France rien ne se crée de durable sans avoir au moins la sanction de l'État, on pourrait, pour la première création, distraire chaque année une centaine de volontaires, payant 1,000 ou 1,500 francs, à qui l'on ouvrirait l'accès de la nouvelle école ; alors, en peu de temps, on aurait un matériel et des hommes prêts à parer aux événements imprévus et qui, d'autre part, mèneraient à bien cette future locomotion aérienne à laquelle, jusqu'à présent, on n'a pas, ce me semble, attaché assez d'importance.

Il y aurait donc plaisir à voir s'élever, dans quelque endroit favorable et abrité, un établissement de cet ordre, ayant son observatoire météorologique, ses salles d'étude, ses chantiers, sa gare couverte et fermée, son usine à gaz, voire même ses colombiers ; le tout précédé d'une rade ou champ de manœuvre pour les exercices et expériences de toutes sortes.

L'histoire de mon petit voyage ne saurait comporter de plus grands développements à cet égard, ceci n'étant qu'une éclaircie par laquelle on peut

entrevoir les services à attendre d'une institution de
ce genre, sans laquelle il n'y a pas lieu d'espérer de
progrès sérieux en Aéronautique.

C'est un projet ou un rêve; je le donne pour ce
qu'il vaut. C'est surtout pour moi un acquit de
conscience envers mon pays.

FIN.

IMPRIMERIE EUGÈNE HEUTTE ET Cᵉ A SAINT-GERMAIN.